これだけは知っておきたい
「働くこと」の決まり
10代からのワークルール

②

こんなときこそ
ワークルール！
アルバイト編

監修 上西充子

旬報社

目　次

はしがき ……………………………………………………………… 4

第1章　アルバイトに応募するとき

- Q. 初めてのアルバイト、時給は700円。ちょっと安すぎる……？ …… 6
- Q. お金をもらって働くからには仕事を優先すべきなの？ …………… 8
- Q. バイト代の振込先(ふりこみさき)は親の口座にと言われました ……………… 10
- Q. 時給や仕事について説明されましたが、全部覚えられず不安です … 12
- Q. 仕事を覚えるまでの研修期間は時給が半額と言われました …… 14
- Q. 中学生でも休みの日なら働いてもいい？ ………………………… 16
- Q. 外国人の高校生でもアルバイトはできるのでしょうか？ ……… 18
- コラム　アルバイトの交通費はかならずもらえるの？ ……………… 20

第2章　アルバイト先で働くとき

- Q. 勝手にシフトを入れられてしまいます。断ってもいいのでしょうか？ … 22
- Q. お皿を割ったら罰金(ばっきん)500円。こんなのアリなんですか？ ………… 24
- Q. 上司がひどいことばかり言うので怖くて震え上がっています …… 26
- Q. アルバイト中にケガをしました。治療費は出してもらえるの？ …… 28
- Q. ノルマを達成できないと自分で買い取るよう言われます ……… 31
- Q. 振(ふ)り込まれる給料の額が思っているより少ないのですが？ …… 32
- Q. 休憩時間でもお店が混み出すと駆(か)り出されてしまいます …… 34
- Q. アルバイトでも有給休暇(ゆうきゅうきゅうか)はありますか？ …………………… 36

- **Q.** タイムカードを押す前やあとにも仕事をさせられています 38
- **Q.** アルバイト先の上司がセクハラしてきます 40
- **Q.** 面接のときの約束とは違う仕事をさせられています 42
- **Q.** 店は違っても、同じコンビニなら労働条件は同じ？ 44
- **コラム** 困ったことがあったら「確かめよう労働条件」 46

第3章 アルバイトを辞めるとき

- **Q.** アルバイトを辞めたいのに辞めさせてもらえません 48
- **Q.** アルバイト先の店長に「クビだ」と言われました 50
- **Q.** 職場でケガをして1ヵ月働けなくなったら「もう来なくていい」と言われました 52
- **コラム** 児童労働ってなに？ なぜ問題なの？ 54

ワークルールに詳しい
フクロウ先生

ワークルールを学ぶ
ヒヨコさん

はしがき

　本書は、高校生や大学生の皆さんがアルバイトとして働く際に、直面する可能性のあるトラブルの具体例を通して、ワークルールを学べるよう構成されています。まだ働いたことない中学生の皆さんも、あらかじめ知っておけば、将来のトラブルを防ぐことができるはずです。

　アルバイトであっても、雇用されて働いている以上は「労働者」であり、労働法の対象です。雇用する側と労働者は対等なので、「大人だから」「学生だから」ということは関係なく、お互いにルールを守らなければなりません。

　本書では、アルバイトの現場でワークルールがどのように機能するかをイメージしやすいよう、できるかぎり具体化して説明しました。第1章「アルバイトに応募するとき」では、アルバイトに応募したり、仕事をはじめるまでに知っておきたいことや、直面しがちなトラブルなどについて解説しています。第2章「アルバイト先で働くとき」では、アルバイトとして働いている間の困りごとの例を通して、関連するルールと解決方法について学びます。第3章「アルバイトを辞めるとき」では、仕事を辞めるときにありがちなトラブルと解決策について解説しています。

　とても残念なことですが、世の中にはワークルールを知らない大人や、若者の社会経験が乏しいことを利用して、若い労働力を不当な条件で使おうとする大人がいます。どんなときでも法律はかならず守られるべきであり、学生だからとあきらめたり、泣き寝入りするべきではありません。

　「どうしたらいいんだろう？」「これはおかしいのでは？」と思ったとき、知識は強力な武器になります。トラブルに直面したときや困ったとき、迷ったときには、本書で学んだワークルールの知識をフル活用して、自分や仲間を守ってください。

第1章

アルバイトに応募するとき

Q 初めてのアルバイト、時給は700円。ちょっと安すぎる……?

高校生になったので、ずっと憧れていたカフェ店員のアルバイトに応募しました。無事採用してもらえることになって喜んでいたのですが、オーナーからは「仕事に慣れるまでは研修期間だから、時給は700円ね」と言われました。ちょっと安すぎる気がしましたが、まだ高校生ですし、初めてのアルバイトなので仕方がないと思って働きはじめました。

A アルバイトでも見習いでも「最低賃金」を下回る時給は違法です。

地域ごとに「最低賃金」が定められている

高校生だからとか、研修期間だからといった理由でとても安い時給で働かされる例はあるようだね。だけど「最低賃金法」という法律で、働く人に最低限支払われなければならない給料の額は決まっているんだよ。それより安い時給は違法なんだ。

そうなんですか? 高校生だと経験もないし、仕事を覚えるまでは仕方がないのかなと思っていました。そもそも最低賃金って、学生のアルバイトでも対象になるんですか。

最低賃金は、正社員はもちろん、アルバイトやパート、契約社員や嘱託など、どんな立場であっても働く人すべてに適用されるんだ。年齢や働いている期間、あるいは経験も一切

関係なく、かならず守られなければならない決まりなんだ。

🐤 **最低賃金って、いくらなんですか？**

🦉 最低賃金は都道府県別に定められているんだ。一番高いのは東京都で1072円、一番安いのは鹿児島県などで853円だよ（2022年度）。この額は、毎年10月に改定されるんだ。

🐤 **じゃあこのケースの700円だと、どの都道府県の最低賃金より安いことになっちゃいますよ！**

🦉 そう。だからこれは明らかに違法だね。研修中や見習い期間であっても、最低賃金を下回ることは認められていないんだ。

最低賃金に満たない賃金は差額を請求できる

🐤 **だったら、すぐに時給を上げてもらわないといけませんね。**

🦉 時給を最低賃金以上に上げてもらうのはもちろんだが、これまで働いた分の給料と、最低賃金との差額も請求しないとね。

🐤 **そんなことができるんですか？このケースでは700円で働く約束をしてしまっていますよ。**

🦉 仮に働く人が「その時給でもいい」と納得していたとしても、最低賃金に満たない額での約束は無効なんだ。この場合も、お店は過去にさかのぼって、少なくとも最低賃金との差額は支払わなければならないよ。

🐤 **今回は先生に教えてもらったから請求できるけど、知らなかったらずっと最低賃金を下回る時給で働く羽目になっていたんですよね、きっと……。**

🦉 そうだね。だから知識が重要なんだ。最低賃金のことを知っていれば、「その時給はおかしい」と言えるけど、知らなければそれができないからね。世の中にはこうした働く人の無知を悪用する人がいるから、気をつけなければいけないよ。

都道府県別の最低賃金（上位、下位：2022年度）

順位	都道府県名	最低賃金時間額	順位	都道府県名	最低賃金時間額	順位	都道府県名	最低賃金時間額	順位	都道府県名	最低賃金時間額	順位	都道府県名	最低賃金時間額
1	東京	1072円	5	千葉	984円	31	徳島	855円	33	青森	853円	33	長崎	853円
2	神奈川	1071円	6	京都	968円	32	岩手	854円	33	秋田	853円	33	熊本	853円
3	大阪	1023円	7	兵庫	960円	32	山形	854円	33	愛媛	853円	33	宮崎	853円
4	埼玉	987円	8	静岡	944円	32	鳥取	854円	33	高知	853円	33	鹿児島	853円
4	愛知	986円	9	三重	933円	32	大分	854円	33	佐賀	853円	33	沖縄	853円

（出所）厚生労働省ホームページ。

Q お金をもらって働くからには仕事を優先すべきなの?

アルバイトをはじめようとしている高校生です。面接した会社の人からは、「学生アルバイトは試験だとか課外活動だと言ってよく休みたがるけど、そんないいかげんな働き方じゃ困るよ。給料をもらって働く以上は仕事優先で、責任を持って働いてほしい」と言われました。相手がどんな働き方を求めているのかよくわからず、続けられるか不安です。

A 高校生や大学生は学業が優先。無理のない働き方を。

あくまで学生アルバイトは正社員とは違う

確かにアルバイトも、法律では正社員と同じ「労働者」とされているんだ。だからといって、アルバイトも、正社員と同じだけの責任を負わなければいけないかというと、それは違うと思うな。

正社員とアルバイトでは、責任が違うのですか?

正社員でも、休日や趣味を楽しむ時間などは当然保障されるべきだけど、仕事が生活の大きな部分を占めるよね。一方、高校生や大学生はあくまで学業が本業で、空いた時間を使ってアルバイトをするものだよね。雇う側だってそれはわかっているはずだし、採用のと

きに決めた勤務時間の範囲内で、責任ある働き方をすればいいんじゃないかな。

　でも、試験や課外活動といった理由でしょっちゅう休まれては困る、という会社の人の気持ちも、理解はできます。

　そうだね。学生の側もあくまで学業が優先であることを事前に伝え、働く曜日や時間を話し合って決めておくことも大事だね。とくに試験のようにある程度時期が決まっていることは、採用の前に「この時期は試験なのであまりシフトに入れない」ということを知らせておこう。

それでは困るというのなら、そこは学業と両立できる職場ではなさそうだから、別の仕事を探したほうがいいと思う。

　なるほど、そうですね。

人件費を削減したい企業 増える「非正規社員」

　そもそも、そんな不安定な働き方では困るというのなら、その会社は学生アルバイトではなく正社員を募集すべきなんだよ。正社員だったら週に5日、1日8時間安定的に働いてもらうことができるからね。

　そうですよね。それなのに、どうしてアルバイトを募集しているのかな。

定年まで安定して働ける正社員と違って、アルバイトやパートなどのように期間を定めた働き方をする人を「非正規社員」と言うのだけど、正社員より非正規社員のほうが、雇う側が負担するコストが圧倒的に少なくてすむことが多いんだ。

最近は、人件費を減らしたり、人数調整しやすくしたいといった理由で、正社員の雇い入れをなるべく減らし、非正規社員を増やす企業が増えているんだよ。

　非正規社員は、もらえる給料が安いんですか。

かならずそうだとは言えなけれど、そういう傾向は強いね。しかも、働く時間が短く、社会保険に加入しない働き方をしているパートやアルバイトの場合は、健康保険料や年金保険料といった会社が負担するコストが必要ない場合も多いので、企業側にとても都合がいいんだよ。そのため、最近は正社員よりも非正規社員のほうが多い職場も、珍しくはなくなっているよ。

　正社員ではない働き方が増えているのには、そういう理由があったのですね。

人を雇うためのコストを減らしたいという自分たちだけの都合で学生アルバイトを募集しておきながら、正社員と同じように仕事を最優先しろというのはおかしな話だと思わないかい？　そんな勝手な言い分に従う必要はないんじゃないかな。

確かにそうですよね！　学生アルバイトは、勉強や学生生活を優先していいんですね。

そのとおり。学業に支障のない勤務時間の範囲内で、誠実に責任を持った働き方をすれば十分だ。アルバイトに追われて学校に行けない、なんてことは本末転倒なんだよ。

Q バイト代の振込先は親の口座にと言われました

うちは母子家庭です。母はいつもお金に困っている様子なので、高校生になったのを機にアルバイトをはじめて、母を助けることに決めました。アルバイト代は少しだけ自分のお小遣いにして、残りを母に渡そうと思っていたのですが、「高校生が大きなお金を持つのはよくないから、バイト代の振込先はお母さんの口座にしておきなさい」と母から言われました。別にイヤというわけではないのですが、なんだかモヤモヤしてしまいます。

A 給料は働いた人が直接受け取るものです。

賃金支払いの5原則
給料は自分で受け取ろう

アルバイトをしてお母さんを助けようだなんて、立派な心がけだね。だけど、アルバイト代の振込口座をお母さんの口座にするのは、できないんだよ。

そうなんですか？ もともとお母さんを助けるためにアルバイトすることにしたんだから、別にいいんじゃないですか。「高校生が大きなお金を持つのはよくない」というお母さんの意見も、わかる気がします。

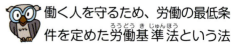働く人を守るため、労働の最低条件を定めた労働基準法という法

律には、「賃金支払いの5原則」という決まりがあるんだ。働く人を雇う会社やお店などは、給料を「通貨で」「全額を」「直接」「一定期日に」「毎月1回以上」支払う義務があるんだよ。

なるほど。本人ではなくお母さんに支払うと、「直接」っていうところに引っかかるのですね。

親であっても代わりに受け取るのはNG

そのとおり。本人が同意すれば現金の手渡しでなくとも、本人名義の銀行口座に振り込むことはできる。だけど、別の人を通して支払ったり、代理人に渡したりしてはいけないことになっているんだ。

大人ならわかりますが、高校生でもそうなんですか？

そう。未成年者の給料を親が受け取ろうとする場合でも、この原則に反するから認められないよ。たとえ高校生であっても、自分が働いて得た給料は、自分自身で全額受け取る権利があるんだ。

自分の給料なんだから、自分で受け取ったうえで、必要に応じてお母さんに渡せばいいんですよね。ちなみに「通貨で」っていうのは「お金で」ということですよね？ 当たり前のような気がしますけど、お金以外の給料なんてあるんですか。

なかにはお金じゃなくて、その会社が作っている商品などで支払おうとするケースもあるから注意しないといけないんだ。お金でもらわないと自由に使えないからね。

なるほど。「全額を」というのも当たり前だけど、大事ですね。せっかく働いたのにその一部しかもらえないなんて、悲しすぎますよ。

そうだね。「一定期日に」「毎月1回以上」というのも、働く人の生活を守るために大切な決まりなんだ。給料がもらえる日がわからないようでは不安が大きいし、間が開きすぎると生活のお金が足りなくなってしまうからね。ちなみに給料だけでなく、働く約束をする労働契約も、会社やお店が、働く本人と直接交わさなくてはならないよ。

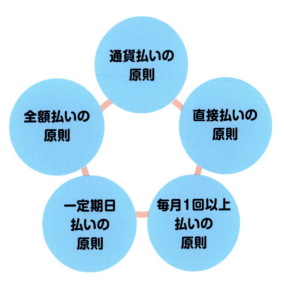

賃金支払いの5原則

時給や仕事について説明されましたが、全部覚えられず不安です

Q 初めてアルバイトをすることになりました。面接のときに、働く曜日や出勤時間、時給や仕事の決まりなどについて店長が説明してくれましたが、その場では緊張してメモも取れませんでした。細かいことが多くて覚えきれず、不安に感じています。

A 仕事内容や条件については、書面でもらう権利があります。

労働契約のときには詳しい条件を書面でもらおう

ただでさえ初めての面接でドキドキしているのに、細かいことをいろいろ言われても、頭に入りませんよね。

そのとおりだね。しかも、これはどういう約束で働くかという「労働条件」だから、とても大事なことなんだ。働きはじめるということは、たとえアルバイトであっても「労働契約」という重要な約束を交わすことになる。労働契約を結ぶときには、労働条件は説明するだけでなくかならず書面にして渡すことが雇う側に義務づけられているんだ。

じゃあこの場合も、全部覚えたりメモを取らなくても、紙に書いたものをもらえるということですか。

そうだね。これを「労働条件通知書」と言うんだ。アルバイトにもかならず渡さなければならないものなんだが、実際には相手が学生だと軽く見て、こうした書類を作っていない会社やお店は多いらしいんだ。

それは困りますね。

書面で約束しないと、お互いに誤解が生じたり、「思っていた条件と違う！」ということになりかねないよね。実際、アルバイトを募集するチラシなどに書いてあった時給と、実際に支給された時給が違う、といったトラブルはよく起こっているんだ。

それは絶対イヤだなあ。アルバイト先を決めるときには、時給がいくらかっていうのはすごく重要な要素ですよね。それが、チラシと違っているなんて許せませんよ。

個別に約束したことも書き加えてもらおう

そうだね。労働条件には時給のほかにも、重要なことがたくさん書かれているんだ。たとえば、労働契約は

いつまで有効か、どこでどのような仕事をするのか、働く時間や休日、休憩時間の決まりや給料の支払い方や計算の仕方、辞めるときの決まりなどだよ。

このケースのように、書面をもらえない場合はどうしたらいいんですか？

書面を作って渡すよう頼むべきだよ。いい加減なお店だと、「作ったことがないからわからない」と言うかもしれないが、必要事項を記入するだけで労働条件通知書が完成する用紙が厚生労働省のウェブサイト「確かめよう労働条件」で公開されているから、それを使ってもらえばいい。

それは便利ですね。

労働条件通知書はもらうだけでなく、自分の希望している条件と合っているかどうか、内容をしっかりチェックするのにも利用できるよ。わからないことがあれば遠慮なく聞いてみよう。「試験期間は休みたい」といった、働くうえでの希望を伝えてOKをもらっているのなら、それも書いてもらうといいんじゃないかな。

あとから「言った」「言わない」のトラブルになるのはイヤですもんね。労働条件通知書に全部書いておけば、安心ですね。

労働条件通知書に記載すべき主な事項

- 労働契約の期間
- 就業の場所、従事する業務の内容
- 始業・終業時刻、所定労働時間を超える労働の有無、休憩時間、休日、休暇
- 賃金の決定・計算・支払いの方法、賃金の締め切り・支払いの時期に関する事項
- 退職に関する事項

Q 仕事を覚えるまでの研修期間は時給が半額と言われました

ホームセンターでアルバイトをはじめました。求人では時給は900円ということだったのに、働きはじめてから「スタートから半年は研修期間なので半額」と言われました。確かに最初は教わってばかりなのであまり戦力にはならないことは理解していますが、半年もの間、半額で働かされるなんて納得がいきません。

A 研修時給や期間は事前確認を。最低賃金（さいていちんぎん）を下回ると無効。

研修期間中でも安すぎる時給や長すぎる研修はNG！

 研修期間の時給が少し安いというのは聞いたことはあります。

確かに、飲食店とか小売店などでは仕事に慣れるまでの一定期間を研修期間として、通常の時給より安い時給額を設定しているお店はあるようだね。

 それは問題ないのでしょうか。

研修時の時給などについては法律で書かれているわけではないので、お店側がこうした決まりを設定すること自体は違法とは言えないよ。よく見られるのは、働きはじめから数週間の間を研修期間と定めて、時給を通常よりも50円とか100円ぐらい安くするパターンだね。

 研修期間を設けてその間の時給を安くすること自体はOKなんですね。でもこのケースでは、ちょっと条件が悪すぎる気がします。

そうだね。研修期間を設ける場合でも、最低限のルールは守る必要がある。このケースだと、研修期間の時給が半額にまで下げられてしまうと時給は450円になってしまうので、最低賃金（6ページ参照）を大きく下回ってしまうね。最低賃金はどんな場合でもかならず守られなければならない決まりなので、これを下回る時給は無効だよ。

じゃあ、このケースの半額というのは明らかにNGですね。半年という期間はどうですか？

これもちょっと長すぎて、合理的な期間とは言えないね。仮に研修期間の時給が最低賃金を上回っていたとしても、半年といった長すぎる期間を設定しているのは悪質なパターンだね。

あとは、人によって研修期間が異なる

ケースも聞かれるけれど、明確な基準に沿って公平に運用される必要がある。

悪質だったり、不公平なルールは受け入れてはいけないんですね。

研修期間の有無は採用時に書面で確認しよう

そもそも高校生アルバイトは働く期間が短いのに、長い研修期間を設定して、終了後の時給を表示して募集するなんてズルいですよね。研修期間の長さと時給がわかっていたら、応募しない人だっているでしょうに。

まったくだね。研修期間の有無とその間の時給についてはかならず採用時に確認しよう。説明された条件は、書面（労働条件通知書、12ページ）にしてもらっておくことも大事だよ。

中学生でも休みの日なら働いてもいい?

Q ファストフード店でアルバイトをしている高校生です。うちのお店はアルバイトがいつも不足していて、とくに土・日はシフトに入れる人が少なく店長が困っています。私には中2の妹と小6の弟がいるのですが、「土・日だけでいいから、妹さんと弟さんもうちで一緒にアルバイトしてよ」と頼まれました。妹と弟は「面白そうだからやってみたい」と言っていますが、両親は「子どもが働くなんてとんでもない!」と大反対しています。小学生や中学生でもアルバイトをしていいのでしょうか?

A 中学生以下の子どもは原則働くことができません。

子どもの「本業」は勉強と健やかな成長

人手不足に悩む飲食店は多いようだね。困っている店長の力になりたいという気持ちはわかるし、妹さんや弟さんがアルバイトに興味を持つのも理解できるが、これはさすがに無理だよ。

休日にちょっと手伝うくらいなら、別にいいんじゃないですか。それか、夏休みのような長期休み中なら問題ないのでは?

大学生や高校生も本分はあくまで勉強だが、小学生や中学生は義務教育中なんだから、なおさら勉強するのが大事だよ。さらに言うと、勉強よりもっと大事なことがある。

なんだろう? 遊ぶことだとうれしいんだけど。

それもあるけど(笑)、なによりすこやかに成長することだよね。そのためには心や体に余計な負担がかからないよう、休む時間や遊ぶ時間も必要なので、法律では子どもが働くことについては厳しい決まりを設けているんだ。お店や会社を経営している人は、小学生や中学生は、原則として雇ってはいけないことになっているよ。

でも、小さい子が子役としてドラマや映画に出ていたりするし、人気アイドルグループにも中学生はいますよ。この人たちはお金をもらって働いているんですよね?

映画や演劇など子役が必要な場合は、その仕事がそれほどたいへんではなく、健康などに悪い影響を及ぼさないものであれば、「労働基準監督署」という働く人を守る役割を持つ政府機関

の長の許可を受けることで働くことができるよ。

　また、新聞配達のような仕事の場合も、特別に認められることはあるようだね。

なるほど、そういうことだったんですね！

ただしその場合でも、夜遅くまで働いて、翌日学校に行けなくなるようなことがないよう、働く時間帯などが厳しく制限されているんだ。

高校生になれば働けるが厳しい制限がある

高校生になったら、いくらでも働けるようになるんですか？

中学を卒業したら働くことはできるようになるが、それでも大人よりも厳しい制限が設けられているよ。本来決められている労働時間（原則として1日8時間、1週40時間）を超えて働くことはできないし、休日に働くこともできないとされている（時間外労働、休日労働の制限）。

　また、午後10時から翌午前5時までの深夜帯に働くことも禁止されているんだ。これらの制限はすべて、子ども本人が働くことを希望したとしても認められない。

大人になるまでは、働きすぎてはいけないんですね。

年少者（満18歳未満の人）の主な制限事項

労働契約締結の保護	労働契約は親や後見人が本人に代わって結ぶことができず、本人と直接結ぶ必要がある。
年齢証明書の備えつけ	事業場には年少者の年齢を証明する公的な書面を備えつけなければならない。
時間外労働・休日労働の制限	時間外労働と休日労働はさせてはいけない。
深夜労働の制限	深夜の時間帯（午後10時～翌午前5時）に労働させてはいけない。
危険有害業務の制限、坑内労働の禁止	重量物の取り扱いなど危険を伴う仕事や坑内労働については禁止、または制限される。
変形労働時間制の制限	労働時間の運用を弾力的に行う制度を活用する場合も、厳しい条件が定められる。

外国人の高校生でもアルバイトはできるのでしょうか？

Q 親の仕事の都合で来日し、日本の高校に通っている外国人です。自分のお小遣いは自分で稼いでみたいのですが、私もアルバイトをしてもいいのでしょうか？

A 可能ですが許可が必要で、働く時間や業種に制約があります。

日本人と同じように労働法が適用される

最近は、レストランとかコンビニの店員さんとして働いている外国の人をたくさんみかけますね。海外から来た人がアルバイトする場合、特別な決まりはあるんですか？

外国人であっても、労働基準法や最低賃金法などの労働法が定めるワークルールは、日本人と同じ決まりが適用されることになっているんだよ。

労働者としては日本人と同じような権利を持っていたり、法律で保護されたりするわけですね。

そうだね。ただ外国人が日本で働く場合、日本人と同じ自由があるわけではないんだ。いわゆる「出入国管理法（入管法）」などによる制限を受けることになるよ。

どういう制限があるのですか。

このケースの場合は親の仕事の都合で日本に住んでいる高校生ということだから、「家族滞在」という在留資格を持っていることになる。「家族滞在」という在留資格だと、原則的には働いてはいけないことになっているよ。

1週間に28時間まで働くことができる

じゃあ、アルバイトはできないんですか？

それでも、仕事の内容など法律で定められた条件を満たせば、1週間に28時間までのアルバイトは許可されるんだ。

その許可は、誰にもらうんですか？

管轄の入国管理局に「資格外活動許可申請」をして、「資格外活動許可」を取得する必要があるよ。

資格外活動許可を取得すれば、どんなアルバイトでもできるんですか。

たとえば、パチンコ店やゲームセンター、スナックなどの風俗営業等のアルバイトは認められないよ（日本人でも18歳未満の人は働けません）。たとえ担当している仕事が掃除や皿洗いなど、直接風俗営業等と関係がなくても認められないから気をつけたいね。

でも、外国人の人たちは、日本人の友だちのように、自由にバイトができないのはつらいですね。

そうなんだよ。まだ高校在学中ならいいけど、高校を卒業しても、日本人の高校生のように、会社などに就職することはできず、1週28時間のアルバイトしか認められていないケースも多いんだ。これだと自立した生活を送ることもできないよね。こうした日本の入管法の問題も、人権の視点から変えていく必要があるね。

就労可能時間を超えないよう十分な注意が必要

留学で日本の大学に来ている留学生の場合はどうなんですか？

留学生の在留資格は「家族滞在」ではなく「留学」だけれど、基本的には同じだね。週28時間の就労時間の定めも同じだけれど、夏休みなど学校の長期休暇期間には1日8時間、週40時間まで働けるようになる。

本業は勉強だから働ける時間は制限されているけれど、学校が休みの間は働く時間を増やせるんですね。

ただし、決められた時間を超えて働くといわゆる「不法就労」になり、罰せられたり、在留資格が更新されない場合がある。このことは肝に銘じておかなければならないよ。就労時間には急な残業などもすべて含まれるので、頼まれたからと言って安易に引き受けると、気がつかないうちに上限を超えてしまう可能性がある。

働きすぎると「不法就労」で罰せられることもあるのですか。いろいろ制約があるんですね。

そうなんだ！

コラム
アルバイトの交通費はかならずもらえるもの？

交通費支給の有無は会社の自由

自宅からアルバイト先に行くまでの電車代などの交通費の支給の有無に関しては、とくに法律で定められた決まりはありません。

そのため、「交通費は支給しない」という会社やお店があっても、それ自体は違法ではありません。

正社員であれば話は別ですが、アルバイトの場合は通常、勤務地から近いエリアに住んでいる人を想定しているのが一般的です。

徒歩や自転車で通勤することを前提に、「交通費の支給はなし」と定めているアルバイト先も少なくありません。

交通費も往復となるとバカにできない金額になるので、時給だけではなく交通費の支給の有無や条件も応募の際にしっかり確認することが重要です。

もちろん、交通費を支給するケースも多くあります。とくに、勤務地が住宅地ではなく、多くの人が交通機関を使わないと通勤できないエリアである場合は、アルバイトであっても交通費が支給されるのが一般的です。

ただし、支給される場合でも、かならず全額支払われるわけではないので注意が必要です。上限額が定められて、あまり遠くからの交通費は対象外になっていたり、一定以上のシフトに入っている人だけに限定して支給するケースもあるようです。

求人に、「交通費全額支給」とあればまず心配はありませんが、「一部支給」とか「交通費支給規定あり」などという表記の場合はこうした制限がある可能性が高いのでよく確認しておきましょう。

全額支給される場合でも、どんなルートでも支払ってもらえるわけではありません。電車やバスは最短距離や最安運賃と決められていることが多く、たとえ便利であっても運賃が高くなる交通手段や経路での交通費は認められないことがあります。

また交通機関を利用した通勤となると、交通費だけではなく時間もかかることも忘れてはいけません。自宅や学校から近いアルバイト先を選ぶほうが時間を有効活用できます。

第2章
アルバイト先で働くとき

Q 勝手にシフトを入れられてしまいます。断ってもいいのでしょうか?

ファストフード店でアルバイトをしています。週3日の約束で働きはじめたのに、人手が足りなくて希望していない日にもシフトを勝手に入れられたり、働く時間を延長されたりして困っています。「君が来ないとお店を開けられないよ」と泣きつかれると、申し訳なくて断りきれません。どうしたらいいですか?

A 人手が足りなくっても、お店の都合に従う必要はありません。きっぱり断りましょう。

採用時の約束は守られる必要がある

募集のときは「週3日、1日4時間から」などとゆるい条件を出しておいて、実際に働きはじめると「土・日も入って」とか「閉店まで働いて」などと勤務日数を増やしたり、時間を延長するようお願いされることはよくあるようだよ。働けないと事前に伝えている日でも、勝手にシフトを入れられるケースもある。

たくさん働けばアルバイト代は稼げるけど、勉強の時間や友達と遊ぶ時間もほしいし、部活とか塾の予定もありますよね。

そうだね。でも大丈夫。採用のときの約束(労働契約)と違う働き方をする場合は、働く人が同意していなければいけないんだ。

働く曜日と時間帯を固定していたり、事前にシフトの希望を出しているのに、勝手に働く日や時間を変えられたり増やされているような場合は、きっぱり断っていいんだよ。

そうなんですね！　でもこのケースみたいに、「君が来ないとお店を開けられない」なんて泣きつかれちゃったら、断りにくいですよね。

人手不足はお店の責任
アルバイトが負う必要なし

その気持ちはわかるけど、言われるままにシフトに入っていると、OKしたと見なされてしまうかもしれないよ。「この子は頼めばいくらでも入ってくれる」と思われて、どんどん増やされてしまうかも。

それは困ります！
どうすればよいですか？

そもそも、人手が足りないという問題は、店長などお店を切り盛りする人がもっと積極的にスタッフ募集をしたり、給料をアップするなどして必要な人数を確保して、解決すべき問題なんだ。それができてないのは、あくまでお店の責任だと言える。1人のアルバイトが、無理してシフトに入って責任を負う必要なんてないんだ。

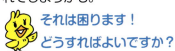
確かにそうですね。働いていると、全部言うことを聞かないといけないような気がしてしまうけれど、約束は約束なんだし、理不尽な頼みに従う必要はないですよね。

最近はとくに飲食店で働く人が不足しているから、こうしたケースは増えてくると思う。働きたいならそれでいいけど、無理な頼みを聞く必要はないんだよ。

シフトを勝手に減らされても
その分の給料はもらえる

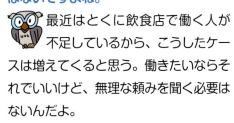
逆に、勝手にシフトを減らされてしまうこともあると思うんですが、そういうときも約束と違うからと断っていいんですか？

もちろんだよ。たとえば「週3日、1日5時間」という約束で働きはじめたのに、突然週2日に減らされたというときは、従う必要はないし抗議すべきだ。

そこまでではなくても、飲食店などでお客さんが全然来ない日に、「今日は暇だからもう帰っていいよ」と言われることがあるけど、これじゃあもらえるはずだった給料が減ってしまうよね。

こういうときは、約束どおりの時間まで働くか、早く帰る場合でも約束の時間まで働いた場合の給料をもらうことができるんだ。

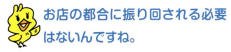
お店の都合に振り回される必要はないんですね。

Q お皿を割ったら罰金500円。こんなのアリなんですか？

飲食店でアルバイトをしています。このお店はミスにとても厳しくて、食器を割ったら1枚につき罰金500円、レジのお金が合わなかったら足りない金額をその日のシフトのアルバイトの人数で割って弁償するという決まりになっています。人が足りない日や忙しい時間帯ほどこうしたミスが起こりやすく、せっかく働いてもこのルールでアルバイト代から罰金が引かれてしまいます。ちょっと厳しすぎるルールではないでしょうか？

A 仕事中のうっかりミスに罰金を払う必要はありません。

働く人がミスを弁償する「罰金ルール」は無効

こんなお店で働いている人はかわいそうですね。時給1,000円としても、1枚お皿を割ったら30分タダ働きになるってことですよね。

大丈夫、働く人のミスに対して、あらかじめ罰金や弁償を定めておくような約束は無効だから、支払う必要はないんだよ。

そういうルールは無効なんですね。ルールがなくても、弁償しろと言われた場合はどうなりますか？

少なくともお皿を割るとか、レジのおつりが合わないとか、普通に働いていても起こりうるうっかりミスであれば、弁償する必要はないよ。働く人

がものすごく不真面目だったために起こったミスや、その人の働き方に大きな問題があった場合は一部を弁償しなければならないこともあるが、それでも全額ではないからね。

だったら安心ですね。でもそうなると、おっちょこちょいなアルバイトが多いとお店はかなり損をしちゃうことになりませんか？

ミスが起こるのは
お店の責任でもある

それはどうかなあ。たとえばこのケースでは、人が足りないときや忙しい時間帯にミスが起こりやすいと言っているね。やっぱり余裕がないと正確な仕事をするのは難しいし、それはお店側でもわかっているはずよね。

ミスが起こるのはアルバイトの不注意だけでなく、お店のせいでもあるということですか。

そのとおり。忙しいときにミスが増えるのであれば、お店は人手を確保して、アルバイトが正確に仕事のできる環境を整えることが必要だね。あるいは、割れにくいお皿に替えるとか、忙しいときでもミスが出にくい機能を持ったレジを導入するといった対策などを立てるべきなんだ。

お店がこうした努力をしていないのに、働く人だけが全責任を負うなんておかしいと思わないかい？

なるほど、確かにそうですよね。しかも、レジのお金が合わないと、その日のアルバイトが全員で弁償するなんて、自分のミスではないかもしれないのにヒドイですよね。

そう。他人のミスで連帯責任を負わせるなんて、明らかにおかしいし、そんな指示に従う必要はないよ。

ただ、この場合、罰金はアルバイト代から差し引かれているみたいですね。払う必要がない罰金を勝手に天引きされたら、どうしたらいいのでしょうか。

これは給料の全額払いの原則（11ページ参照）に反するから無効だよ。店長に言って、きっちり返してもらわなければならないね。自分１人では言いにくいかもしれないけれど、ほかのアルバイトに声をかけてみんなで取り返そう。

アルバイトだけが
責任を負うのはヘンだよね！
お店の責任だってあるんだから！

Q 上司がひどいことばかり言うので怖くて震え上がっています

ドラッグストアでアルバイトをしています。教育係のマネージャーがとても怖い人で、ミスをすると大きな声で怒鳴ってきます。ミスをしなくてもひどいことを言ってくることもあり、試験勉強のためにシフトを断っただけで、「バカが多少勉強したところで変わるわけないでしょ！」とか、「これ以上休むと時給下げてやるからねっ！」などと言われます。私は怖くて聞いているだけですが、反発するアルバイトにはビンタをしたり、物を投げたりすることもあります。最近はアルバイトに行くのが怖くて、あまり眠れなくなってきました。

A それは「パワー・ハラスメント」です。上司に相談しましょう。

暴言、暴力、無視、いじめはすべて「パワハラ」となる

 このマネージャー、あんまりですよ！ ひどいことばかり言って、暴力までふるうなんて。

 これは明らかに「パワー・ハラスメント（パワハラ）」だよ。パワハラは、上司や教育係など上位の立場を利用して、部下に繰り返しひどいことや脅すようなことを言ったり、暴力を振るったり、働きにくい環境を作ることを指すんだ。

こなしきれない量の仕事を与えたり、いじめを主導したり、無視したりするようなこともパワハラに含まれるよ。

大人の世界にもいじめなんてあるんですか。許せませんね。

 パワハラを受けた人は嫌な思いやケガをするだけでなく、心の病気になったり、ひどい時には死につながることもあるんだ。

 ええっ、それはたいへんです！もちろん、法律で禁止されているんですよね。

 2019年にパワハラ防止法ができたけれど、残念ながらパワハラそのものを、禁止する内容ではないんだ。でも、これまでの裁判でパワハラの責任や解決方法がある程度は示されているよ。

パワハラが死につながることも

 たとえばどんなことですか。

 パワハラによる心身の不調や死亡を労働災害（28ページ参照）だと認めたり、パワハラをした人やその人を雇っている会社側にも責任を負わせたり、ということがあるんだよ。

 でも学生アルバイトが裁判を起こすのはたいへんです。パワハラを受けたら、まずどうしたらいいですか。

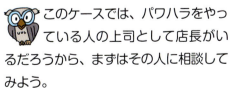 このケースでは、パワハラをやっている人の上司として店長がいるだろうから、まずはその人に相談してみよう。

雇う側にはパワハラのない安全な職場を作る義務があるから、パワハラをする人よりも上の立場にいる人に訴えることが重要だよ。

雇う側にはパワハラのない職場を作る責任がある

 もし、店長自身がパワハラをしていたら、誰に相談すればいいでしょうか？

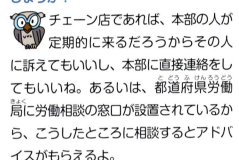 チェーン店であれば、本部の人が定期的に来るだろうからその人に訴えてもいいし、本部に直接連絡をしてもいいね。あるいは、都道府県労働局に労働相談の窓口が設置されているから、こうしたところに相談するとアドバイスがもらえるよ。

労働局なら相談の秘密は守られるし、希望すればお店との間に入って交渉もしてくれるから心強いね。

このケースでは、相談者が「怖くて眠れない」と言っているのが気になります。

眠れないとか食欲がないというのはとても心配なサインだから、心療内科を受診したほうがいいかもしれないね。パワハラはその重大さがあまり知られていないけど、被害にあう人の心身を傷つけるだけでなく、心の病気を引き起こしたり、生きる意欲を奪うことすらあるんだ。

パワハラはとても恐ろしいことで、絶対にやってはいけないと多くの人にわかってもらいたいね。

Q アルバイト中にケガをしました。治療費は出してもらえるの?

レストランでアルバイトをしています。仕事中に、うっかり熱湯を足にこぼしてしまい、ひどいやけどをしました。店長が車で近くの病院まで送ってくれましたが、すぐに店に戻ってしまい、治療費は自分で払いました。治療は1度では終わらず何度か通院が必要で、アルバイト代が治療費で消えてしまいそうです。店長は「たいへんだったね、これからは十分気をつけるように」と言うだけで、それ以上はなにもしてくれません。
私の不注意が原因ではありますが、多少でもお店に治療費を払ってもらうことはできないのでしょうか?

A バイト中のケガの治療費は労災保険から支払われます。

仕事中のケガは「労働災害」となる

 これはたいへんでしたね。お金を稼ぐためにアルバイトしているのに、痛い思いをしたうえに治療費でお金まで飛んでいくなんて!

やけどは心配だけど、治療費に関しては心配いらないよ。このケガは「労働災害(労災)」のなかの「業務災害」にあたるから、「労災保険」が下りるからね。

 労災ってなんですか?教えてください。

ケガをしたときに利用できる社会保険

- 仕事によるもの → 業務災害 ┐
- 通勤によるもの → 通勤災害 ┘ → 労災保険
- その他のケガ、病気 → 健康保険

🦉 仕事中にケガをしたり、仕事が原因で病気になることを労災と言うんだ。労災が認められれば、治療費はお店が加入している労災保険から支払われるよ。

🐥 **それなら安心ですね。学生のバイトでも対象になるんですか？**

🦉 もちろんだよ。正社員や契約社員、派遣社員、パート、アルバイトといった雇用形態にかかわらず、雇われて働く人はすべて労災の対象なんだ。

🐥 **このケースでは、本人が自分の不注意だと認めていて、お店に責任はなさそうですけど、それでも治療費を払ってもらえますか？**

🦉 わざとケガをしたり、よほど重大な不注意があるなら別だけど、普通のミスなら大丈夫。治療費だけじゃなく、ケガで働けなくなった日の給料の代わりとして、8割ぐらいの給付を受けられるんだ。

🐥 **給料がなくなっても給付金があれば安心ですね。**

🦉 本当なら「労災指定病院」というところに行って、労災であることも伝えて治療すれば、治療費は労災保険から直接病院に支払われるんだけどね。労災指定病院が近くになければ、とりあえず普通の病院に行って、労災であることを伝えよう。治療費は全額自分で立て替える必要があるけれど、あとから請求できるからね。

労災申請をしぶられてもあきらめないで

🐥 **このケースの場合は、労災のことを知らないから、普通のケガとして治療しているみたいですね。**

🦉 そういう場合は、かかった病院にすぐ労災であることを連絡しよう。店長には労災申請の手続きをしてもらうよう頼まないといけないね。

🐥 **手続きが面倒だろうし、嫌がるかもしれませんね。もしかすると、店長が今まで知らん顔をしていたのは、労災のことを知らないのかも？**

🦉 企業の担当者なら労災を知らないなんてありえないけど、個人のお店だとその可能性はゼロではないね。いずれにしても、企業やお店のなかには、さまざまな理由で労災の申請を嫌がるケースはよくあるんだ。労災の手続きをしてもらうよう頼んでも、対応してくれないという例は見られるね。

🐤 対応してくれなかったら、どうすればいいんですか？

🦉 ちょっと面倒だけど、自分で最寄りの労働基準監督署に行って、事情を説明すれば自分でも手続きができるよ。ケガをした日時や様子などは記録しておき、病院にかかった領収書はきちんと取っておこう。

🐤 わかりました。仕事中のケガは労災、覚えておきます！

🦉 ちなみに、仕事中じゃなくても、職場に向かう通勤中のケガでも「通勤災害」といって労災に認定されることもあるからね。

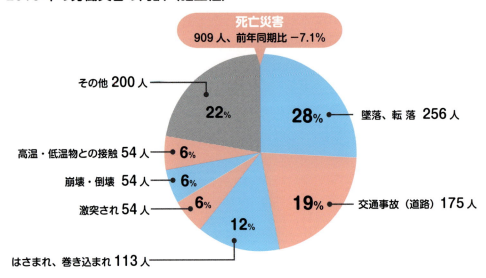

2018年の労働災害の内訳（確立値）

死亡災害
909人、前年同期比 −7.1%

- 墜落、転落 256人 28%
- 交通事故（道路） 175人 19%
- はさまれ、巻き込まれ 113人 12%
- 激突され 54人 6%
- 崩壊・倒壊 54人 6%
- 高温・低温物との接触 54人 6%
- その他 200人 22%

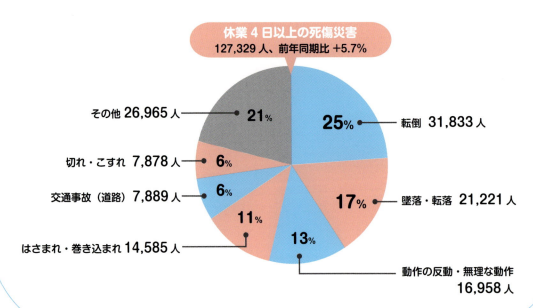

休業4日以上の死傷災害
127,329人、前年同期比 +5.7%

- 転倒 31,833人 25%
- 墜落・転落 21,221人 17%
- 動作の反動・無理な動作 16,958人 13%
- はさまれ・巻き込まれ 14,585人 11%
- 交通事故（道路） 7,889人 6%
- 切れ・こすれ 7,878人 6%
- その他 26,965人 21%

（出所）厚生労働省「労働災害発生状況」より作成。

Q ノルマを達成できないと自分で買い取るよう言われます

コンビニでアルバイトをしています。クリスマスケーキや恵方巻きなど季節の限定商品には、アルバイトにも販売ノルマが課されます。このノルマは達成できないと、商品を買い取らなければなりません。私はノルマが達成できず売れ残ったクリスマスケーキを3個も買わされてしまい、その月の給料から代金を差し引かれてしまいました。ケーキを買うために働いているわけじゃないのに、イヤでたまりません。

A 買い取る必要はありません。引かれたアルバイト代は請求を。

強制的に商品を買い取らせるのは違法

ケーキを3個も持って帰れたなんて、いいなあ！

なにを言っているんだい！ そんなことで給料を減らされたら、たまったもんじゃないよ。

確かに日持ちのしないクリスマスケーキを3個も買い取らされて、給料から引かれるなんて、かわいそうですね。1個ならいいけど。

たとえ1個でも、欲しがっていない人に買い取らせるのはNGだよ。ノルマを課すこと自体はありうるけれど、達成できなかった場合に強制的に買い取らせる命令は、アルバイトに売上の保証まで命じることになり違法なんだ。

そうなんですか。でもこのケースの場合、給料からケーキ代が差し引かれちゃっていますよね。たとえその場でケーキの買い取りを断っても、勝手に差し引かれてしまうかもしれませんよね。

そこも問題なんだ。給料はかならず、全額を支払わなければならないということが労働基準法に定められている（11ページ参照）。ケーキ代を差し引くことはもちろん、給料の一部をケーキなどの物で支払うという理屈も、認められないんだ。

買い取りを断っても、ケーキ代が給料から引かれていたら、どうすればいいんでしょうか？

差し引かれた金額は、給料の未払い分だと見なされるから、払ってもらうよう請求しよう。

労働基準法で、賃金の通貨払いの原則が定められているとおり、働いた分の給料は、お金で払ってもらわなければならないからね。

振り込まれる給料の額が思っているより少ないのですが？

Q 私の兄が塾で講師のアルバイトをしていますが、振り込まれる給料が、いつも思っているよりかなり少ないことを気にしています。もしかするとごまかされているか、臨時で担当したテスト対策講座の給料が入っていないのではないかと疑っています。

A 給与の明細をもらいましょう。
指示された仕事をしていれば、それは勤務時間です。

明細をもらって確認を
未払い賃金は請求できる

🐤 こんなモヤモヤした状態のまま働いているなんて、すごくイヤですね。なんとかならないのですか？

🦉 このケースでは塾側が給与明細を出していないようだね。企業やお店は働く人に対して「給与明細書」を作って渡さなければならないと法律で定められているんだ。まずは塾側に、過去の分までさかのぼって給与明細書を出すよう頼もう。

🐤 給与明細ってなんですか？教えてください。

🦉 給与明細書は、稼いだお金やそこから差し引かれている税金・社会保険料の額などが書かれている書類のことだよ。アルバイトの場合は、その月の勤務日数や時間も書いてあるはずだ。

じゃあ、明細に書かれている勤務時間と、実際に働いた勤務時間とつきあわせてみると、ちゃんと支払われているかがチェックできますね。

🦉 そうだね。万一、実際に働いた時間より少なく計算されているようなら、その原因を確認しなければいけないね。

このケースでは、レギュラーで受け持っている授業以外の仕事の時間がカウントされていないという可能性もありますよね。

🦉 だとしたら大問題だよ。普段とは違う仕事をしたときは、その分の給料をプラスしてもらわないといけないからね。

もし、給与明細を見てレギュラーで受け持っている授業以外の時間分の給料が払われていないことがわかったら、しっかり払ってもらわないといけないね。これは「未払い賃金」といって、過去2年間までさかのぼって請求できるんだ。アルバイトを辞めたあとでも、2年以内なら大丈夫だよ。

働いた日時や内容は
正確に記録を残しておこう

 働いた分は給料が出ているものと思い込んでいてはいけないのですね。

そうだね。タイムカードがある職場なら、出勤時間と退勤時間が記録されているはずだから、そのとおりに給料を請求しよう。

タイムカードがない職場なら、こういう場合に備えて、勤務の記録を手帳などに記録しておくといいよ。出勤時間と退勤時間だけでなく、どういう仕事をしたかも時間帯ごとに記録しておくと主張しやすくなるね。ちなみに、レギュラーで受け持っている授業の時間以外に、毎日の報告書を書く時間や授業の準備などをしている時間についても、給料を支払わないといけないよ。

 こういうトラブルは、塾の先生でなくてもありそうです。他の仕事でも、同じようにメインの仕事以外でも労働時間になりますか？

もちろんだよ。たとえば制服がある職場なら、着替えの時間も業務に必要なことなので、労働時間に含まなければいけないんだ。

自分の給料の額がわかるように、勤務の記録をつけておくといいね。

33

休憩時間でもお店が混み出すと駆(か)り出されてしまいます

Q 休日に本屋さんでアルバイトをしている高校生です。お昼に45分間の休憩時間があるのですが、お客さんがたくさん来ると、「ちょっと手伝って！」とレジに駆り出されてしまい、結局あまり休めなかったという日がたくさんあります。それでも、この時間は休憩時間なので、時給はついていません。タダ働きはおかしいと思うのですが、休憩中ずっと働いているわけではないので、「時給をつけてほしい」とも言い出せません。どうしたらいいですか？

A 休憩時間に仕事をする義務はありません。

決まった休憩時間は必要 法律で定められています

🦉 これは明らかに法律に違反しているね。休憩時間のすごし方に関しては、労働基準法(ろうどうきじゅんほう)にルールが定められているよ。

🐥 それはどういうルールですか。

🦉 休憩時間は、働く人が自由に使える時間でなければならないんだ。特別な取り決めや合理的な理由がないかぎり外出するのも自由だし、仕事をする必要はもちろんない。

🐥 なるほど。たぶんこのケースでは、基本的には休んでいていいけれど、お店が混んできたときだけ手伝って、と言われているんでしょうね。

🦉 そういうケースは多いようだね。事務所であれば、電話がかかってきたり、来客があったら対応しなければならないという具合にね。でも、そういう場合は休憩ではなく労働時間と見なされるので、その分の給料は支払われないといけない。このケースであれば、45分の勤務分の時給を請求できる。

🐥 そうなんですか？　それもなんだか申し訳ない気がするなあ。だって完全に休憩できてるわけではないけど、仕事をするのはほんの数分だけということもあるでしょう？　それでまるまる45分の時給をもらっちゃっていいんですか？

休憩時間は自由時間 仕事をする必要はない

🦉 確かに通常の勤務時間よりも仕事は楽だけど、それでも完全に仕事から解放されていないし、必要に応じて働くように言われている。こういう場合は、「休憩時間」ではなく「働いている」と見なしていいんだ。

🐤 **このケースの場合、どうしたらいいのでしょうか。**

🦉 こんな中途半端な休み方では休憩にならないと、店長に話してみよう。お店側は完全に仕事から解放される休憩時間を保証しなくてはいけないし、そのために人を増やすなどの必要な対策を取る義務があるのだから、遠慮する必要はないんだよ。

🐤 **お昼ご飯ぐらい、落ち着いて食べたいですもんね。** もしカップラーメンを食べている間に呼ばれたりしたら、麺がのびちゃいますから。

🦉 ちなみに、休憩そのもののルールも決まっていて、働く時間が6時間を超える場合は最低45分間、8時間を超える場合は最低1時間の休憩が与えられないといけないんだ。これは正社員だけでなく、アルバイトなど非正規社員(ひせいきしゃいん)に対しても同じだよ。休憩時間をこれより短くしたり、与えないのは違法なんだ。

🐤 **休憩時間は、いつもらってもいいんですか？**

🦉 休憩時間は仕事の合間でなければならないよ。たとえば、仕事をはじめる時間を45分遅らせたり、帰る時間を45分早めたりして休憩時間の代わりにするということは認められないので、かならず勤務時間の途中でもらうようにしよう。

🐤 **わかりました！**

勤務中の休憩時間

労働時間	必要な休憩時間
6時間以内	与えなくてもよい
6時間超～8時間（休憩45分）	45分以上
8時間を超える（休憩60分）	60分以上

アルバイトでも有給休暇はありますか？

Q 事務のアルバイトをしている友達が、有給休暇を取ったと言うので驚きました。学生アルバイトでも有給休暇を取れるのでしょうか？ 私はスーパーマーケットで週2回、6時間のアルバイトをして1年になるのですが、スーパーの店員でも対象になりますか？

A アルバイトでも一定の条件で有給休暇を取ることができます。

半年以上、8割以上出勤で有給休暇の対象に

有給休暇って、休んでいても給料がもらえるんですよね？ 時給で働いているアルバイトも、そんなの取れるんですか。

誤解している人は多いようだけど、有給休暇は正社員だけでなく、パートやアルバイトだって、一定の条件を満たせば対象になるんだよ。

そうなんですか！ その条件ってなんですか？

まずは6ヵ月間続けて働いていて、8割以上出勤していること。働きはじめたばかりのアルバイトや、出勤日なのに休んでばかりいる場合は対象にならないよ。あとは、週に何日、合わせて何時間ぐらい働いているかに応じて、有給休暇の日数が定められているんだ。たくさん働いている人ほど、たくさん有給休暇がもらえるようになっていて、最高で年間20日となっているよ。

この相談者のケースでは、何日取得できるんですか？

このケースでは、6時間のアルバイトを週2回で、1年間働いているなら、年3日の有給休暇を取れることになる。ただ、この決まりは法律で定められた最低基準だから、会社の規定でこれより多くの有給休暇がある分には問題ないよ。

それはすごいですね！ テスト期間に休めたらありがたいし、体の調子が悪いときに使えると便利ですね。ただ、遊びに行きたいとか、たまには休みたいとか、そんな理由で有給休暇を取るのはさすがにマズイですかね？

有給休暇の目的はなんであってもかまわない

そんなことはないよ。有給休暇はどんな目的で取ってもかまわないからね。ただし、いつでも好きな

ときにかならず取れるわけではないんだ。お店や会社側は、忙しい時期など休みを取って欲しくない日に、従業員から「有給休暇を取りたい」と言われたら、日程を変更してもらうことはできるんだ。

 なるほど。じゃあ、あまり忙しくない時期に取るとスムーズかもしれないですね。ただ、どの日を指定しても「その日は忙しいからダメ」と言われ続けて結局休めない、なんてことはありませんか？

 そうやって拒み続けることは法律でNGとされている。ただ、お店や会社の人のなかには、アルバイトでも有給休暇が取れるということを知らない人もいるようなんだ。アルバイトだって真面目に長く働いている人にとっては有給休暇は権利だから、きちんと話をしてわかってもらえるといいよね。

 有給休暇って、次の年に繰り越せるんですか？ 長いお休みが取れると、旅行や帰省にも便利ですよね。

 使わなかった有給休暇は年度をまたいでも使うことはできるけれど、有給休暇を使う権利は2年が時効と決まっているよ。

アルバイト（週所定労働時間が週30時間未満）の有給休暇日数

1週間の所定労働日数	1年間の所定労働日数	勤続勤務期間に応じた有給休暇の日数						
		6ヵ月	1年6ヵ月	2年6ヵ月	3年6ヵ月	4年6ヵ月	5年6ヵ月	6年6ヵ月以上
4日	169日〜216日	7日	8日	9日	10日	12日	13日	15日
3日	121日〜168日	5日	6日	6日	8日	9日	10日	11日
2日	73日〜120日	3日	4日	4日	5日	6日	6日	7日
1日	48日〜72日	1日	2日	2日	2日	3日	3日	3日

タイムカードを押す前やあとにも仕事をさせられています

Q 店長からは、朝に出勤したら着替えやお店の開店準備などを終えてからタイムカードを押すよう言われています。閉店のときも、タイムカードを押してから、あと片づけやゴミ出し、着替えなどをするルールです。しかも、帰ろうとすると「忙しいからあと10分だけ」などと頼まれることが多く、勤務時間は15分単位のため、切り捨てられて給料がつきません。これらの時間の給料をもらうことはできないのでしょうか？

A **指示された仕事をしているならタイムカードと関係なく勤務時間です。**

準備やあと片づけの時間も勤務時間に含まれる

これはひどいなあ。明らかにアルバイトに支払う時給を節約しようとしていますよね。これじゃあタイムカードの意味がないどころか、働く時間を短く見せるための道具にされていますよ。

確かにこれは悪質だね。厚生労働省では、働く時間の管理に関するガイドラインを定めているんだけど、明らかに違反しているね。ガイドラインではお店などの指示を受けて、仕事場で仕事をするために必要な準備やあと始末を行った場合には、その時間はすべて労働時間だと定めているんだ。

このケースでは、着替えや開店準備、あと片づけもゴミ出しも、全部労働時間になるってことですよね。

そのとおり。タイムカードの時刻にかかわらず、すべて労働時間だから、「未払い賃金」として請求しないといけないね。

そもそも、このタイムカードのルールもおかしいですよね。

そうだね。仕事に必要な準備やあと片づけもすべて労働時間だから、タイムカードは準備をはじめる前とあと片づけを終えたあとに押すようルールを改めないといけない。あるいは、準備とあと片づけは現実に即した余裕を持ったかたちでルールを決めて、その分の給料を追加でもらうというやり方でもいいね。

給料は1分単位で計算されなければならない

でもこのお店では、給料の計算は15分単位で、14分以下は切り捨

てられるそうですよ。

そういう勝手なルールを定めている会社や店があるようだけど、これもおかしなことなんだ。原則としてお給料は1分単位で計算して、支払われないといけないものだからね。

タイムカードは正しく運用してもらわないといけませんね。

こうした問題は塾の講師など、授業単位で給料を設定されるアルバイトでも起こりやすい。授業の準備や問題作成、採点など、授業以外に仕事をしたなら、その分の給料も支払われない

といけないんだ。

もらいそこねている給料はかなりありそうですね。

もし、1日に休憩を除いて8時間を超えて働いた場合には、25％以上割り増しした時給が与えられることも覚えておこう。この場合、「あと10分だけお願い」と言われたときは、その10分は普段の時給より25％以上アップしていないといけないんだよ。それが深夜労働（午後10時から午前5時まで）であれば、普段の時給より50％以上の割増率をもらうことができるんだ。

時間外賃金の割増率

期　　間	割増率
時間外労働（法定労働時間を超えたとき）	**25**％以上※
休日労働（法定休日に働いたとき）	**35**％以上
深夜労働（午後10時～午前5時に働いたとき）	**25**％以上
時間外労働＋深夜労働	**50**％以上
休日労働＋深夜労働	**60**％以上

※ 60時間を超えた分は50％以上となる

アルバイト先の上司がセクハラしてきます

Q 宅配便の事務所でアルバイトをはじめたばかりの女子高校生です。私に仕事を教えてくれる上司の男性社員が、「彼氏はいるの？」としつこく聞いてきたり、なにかにつけて手や腰や肩などを触ってきて、その度にイヤな思いをしていました。「2人でご飯を食べに行こう」という誘いを断ったら、それ以来希望していない日にシフトを入れられるようになって困っています。ずっとがまんしてきたけれど、もう限界です。

A 店長や責任者に相談し、セクハラをやめさせましょう。

かわいそうですね。普通に働きたいだけなのにこんな目にあうなんて。

これは明らかにセクシュアル・ハラスメント（セクハラ）だね。職場でのセクハラは、男性側に悪いことをしている意識がなく、軽い気持ちでやっている場合もあるけれど、働く女性をとても悩ませていることなんだ。

体に触るのがNGなのはわかるんですが、食事に誘ったりするのもセクハラになるんですか？

判断が難しいこともあるけれど、少なくとも断っているにもかかわらず、上の立場にいる人が何度も繰り返し誘うのはいけないね。この場合はとくに、誘いを断られてから、上司は自分の地位を利用して嫌がらせをしているのだから疑う余地のないセクハラだよ。

要求に従わないことを理由に、相手に不利益な取り扱いをするのは、セクハラの典型パターンの一つなんだ。

「不利益な取り扱い」ってなんですか。

たとえば、上司の立場を利用して言うことをきかない女性に面倒な仕事ばかりを回したり、悪い評価をつけて降格（社内の地位を下げること）させたりすることだね。ひどいケースでは、自主退職を強要したり、解雇することもあるんだ。

それはひどい。ほかにはどんなパターンがありますか。

このケースのように、「彼氏はいるのか？」といった性的なことを聞くのもそうだね。特定の人に向けた発言ではなくても、聞いた人が不快に感じるような性的な発言はセクハラだよ。あとは、変な噂を流すのも、セクハラだと

されている。

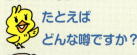たとえばどんな噂ですか？

たとえば、「あの子は彼氏がたくさんいる、誰とでもつきあう」みたいな噂かな。職場でそんな噂を流されたらものすごく嫌な気持ちになるし、恥ずかしくて出勤できなくなってしまうよね。

男性でもセクハラ被害に遭うことはあるんですか。

もちろんあるよ。男性はもちろん、LGBT（性的少数者）の人たちに対しても、セクハラは許されない。職場は誰もが性別や性的なことを意識せずに気持ちよく働ける環境でなければならないよ。

セクハラの被害にあったら、どうしたらいいんでしょうか。

雇う側は、セクハラのように働く人が嫌な思いをする環境を、放っておいてはいけないことになっているから、セクハラをしてくる人よりも上の立場にいる人に相談しよう。セクハラをやめさせたり、その人と同じシフトにならないように配慮してもらえるといいね。もし対応してもらえなかったら、都道府県労働局の相談窓口でも相談に乗ってもらえるよ。決してがまんを続けたり、泣き寝入りしてはいけないよ。

そうですよね。その上司にも自分がセクハラをしていることに気づいて反省してほしいですよ。

そうだね。職場の上下関係を利用したり、嫌がらせで従わせることは、絶対にあってはならないね。

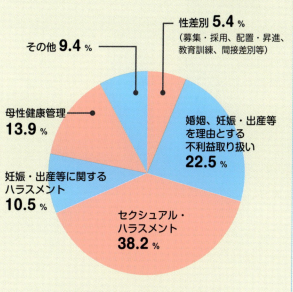

都道府県に寄せられた相談（2018年度）
（計 19,997 件）

（出所）厚生労働省「都道府県労働局雇用環境・均等部（室）での法施行状況」。

Q 面接のときの約束とは違う仕事をさせられています

スーパーマーケットでアルバイトをはじめた高校生です。料理が好きなので、お惣菜の調理補助の求人を見つけて応募し、採用されました。お惣菜作りの仕事は楽しく続けていたのですが、突然上司から「レジのアルバイトが急に辞めてしまったので、レジの仕事に代わってもらう」と言われました。お金を扱う仕事は気が進まないし、そもそもレジ係の時給はお惣菜作りより少ないので仕事を変えたくありません。面接のときの約束と違う仕事は断ってもいいのでしょうか？

A 労働契約どおりの仕事をさせるよう要求しましょう。

労働契約と違う仕事は約束違反なので断ってOK

🐤 スーパーマーケットのようにいろんな仕事がある職場では、こういうことはありそうですね。

🦉 そうだね。このケースの場合、求人の内容が「お惣菜の調理補助」で、面接のときもこの仕事をすると約束があったようだけど、「労働条件の明示」を受けていたのかな。

🐤「労働条件の明示」とはなんですか？

🦉 法律では採用のときにはかならず労働契約（12ページ参照）を交わすことになっていて、そのときに仕事内容などの労働条件についてもきちんと約束がなされなければならない。さらに、約束した内容は書面にして（労働条件通知書、12ページ参照）働く人に渡さなければならないんだ。労働条件通知書のなかの仕事内容の欄がお惣菜作りの仕事だけになっているなら、レジの仕事をやらせるのは明らかに約束違反だね。

🐤 この場合はどうすればいいのでしょうか。

🦉 まずは、事前に決めた約束どおりの仕事をさせてもらえるよう交渉しよう。それでも断られてしまったら、働く人は労働契約を破棄することができる。要するに、どうしても納得できないなら、その場で仕事を辞めてもOKなんだ。

働く人に不利益となる変更は許されない

🐤 なるほど。労働契約は重要なんですね。仕事の内容以外にも、約束

違反はありえますよね。

そうだね。仕事内容にかぎらず、働く時間や給料の額など、労働契約で定めた内容は、そのとおりに実行されなければならないよ。どの項目であっても約束違反があれば、約束を守るよう要求しないとね。

この場合は、レジ係に変わると時給も減るみたいですね。

約束違反のなかでも、とくに給料の額を勝手に減らすようなことは、明らかに働く人にとって損となるよね。こうした働く人に不利益になる変更は、個別の労働契約ではもちろん、職場の共通ルールである就業規則でも原則として許されていないんだよ。

そもそも、大事な約束を平気で破ろうとする職場なんて、信用できませんよ。

アルバイトは、期間の定めのある労働契約を交わしていることがほとんどで、この場合は原則として契約期間の途中では辞められない。だけど、会社側が労働契約を守ってくれず、頼んでもそれが正されないなら、働く人だけが約束を守る必要はないんだ。期間の途中であっても、辞めることができるよ。

重大な約束違反がある場合
即日で退職することもできる

その場で辞めちゃってもいいんですか？

本来、働く人の側から退職を申し出る場合、退職の2週間前に伝える必要があるのだけれど、こうした重大な約束違反がある場合は会社に責任があるわけだから、即日で退職することも可能なんだ。

もし、労働契約の内容を書面でもらっていなかったら、どうなりますか？　アルバイトだと軽く見られて、労働条件通知書をもらえていないケースもあるという話もありましたね（12ページ参照）。証拠となる文書がないから、会社側の約束違反を証明できないかもしれません。

そもそも、書面を渡さずに口約束しかしていないなら、そのスーパーマーケットはその時点で法律違反をしていることになる。やりたくないのにレジの仕事を受け入れてしまうと、OKしたと見なされてしまうかもしれないので、あきらめずに約束を守るよう交渉したいね。

店は違っても、同じコンビニなら労働条件は同じ？

Q 友達が大手コンビニチェーンでアルバイトをしています。「オーナーはやさしいし、シフトも希望どおりでワークルールはきちんと守られている」とその職場をとても気に入っている様子です。友達が働いている店は遠いのですが、同じコンビニの別の店が近所にあるので、私もそこでアルバイトしてみようと思っています。両親も「みんなが知っている大手のコンビニだから安心だね」と賛成してくれています。店は違っても同じコンビニなので、労働条件は同じですよね？

A コンビニの多くはフランチャイズ店。経営者は店によって違います。

「フランチャイズ」と「直営」は労働契約の相手が違う！

🐥 実際に働いている人の声は重要ですよね。コンビニチェーンなら大きな会社だし、ワークルールをきちんと守っていて安心して働ける職場だと思いますが。

🦉 ちょっと待って！　同じ名前のコンビニでも、働く人にとって同じ環境とはかぎらないよ。コンビニの店舗の多くは「フランチャイズ」という方式を採っているからね。

🐥 「フランチャイズ」ってなんですか？

🦉 たとえば、全国に店舗を展開するＡ社というコンビニチェーンがあった場合、君はそのＡ社が、すべてのお店を直接経営していると思っていないかい？

🐥 思ってます。違うんですか。

🦉 Ａ社が店舗を直接経営している「直営店方式」のコンビニならその理解で正しいのだけど、「フランチャイズ方式」の場合は、その会社とフランチャイズ契約をしている別の経営者がお店を経営しているんだ。

🐥 コンビニ会社ではなく、違う人や会社がそのコンビニ店舗を経営しているということですか。

🦉 そう。コンビニ会社の本部とフランチャイズ契約を結ぶと、個人だってコンビニを経営できるんだ。経営者はフランチャイズ本部から商標（お店の名前やロゴマーク）やノウハウ（商売の方法）を受け取り、商品を仕入れて売る代わりに、利益の一部を

本部に支払う仕組みになっているんだよ。

ということは、このケースの場合も、友達がアルバイトしているお店と、近所にあるお店は、同じコンビニでも経営者が違うかもしれないってことですか？

大手コンビニチェーンでも安心はできない！

そうなんだ。コンビニで働く人は、本部ではなくお店の経営者と労働契約を結ぶことになっている。友達が働いている店の経営者はワークルールを守っていても、近所の店の経営者もそうだとはかぎらないことには注意したいね。

ご両親も「大手だから安心」と賛成してくれていますが……。

本部は大手でも、お店を経営するのは零細企業や個人であることも多いよ。現実に、お店でアルバイト代の不払いなどの問題が起きたときに、本部にそれを支払うよう頼んでも聞き入れてもらえないこともある。労働契約を結んでいる相手はお店だから、本部には責任はないと主張されてしまうんだ。

有名なチェーンのお店だからといって、安心というわけではないのですね。

フランチャイズ方式はコンビニだけでなく、飲食店や塾など学生アルバイトが多く働く業種で採用されているから覚えておこう。店構えだけ見ていても経営者のことはわからないけれど、応募するときにはきちんと労働条件を確認するのが大事だよ。

有名なお店だからって、それだけで安心じゃないんだね。

コラム

困ったことがあったら「確かめよう労働条件」

インターネットで情報収集してみよう

　アルバイトをはじめようとするときや、アルバイトとして働いているときに、困ったことやわからないことに直面することもあるでしょう。そんなときは家族や先生、信頼できる職場の人に相談するのはもちろんですが、自分で労働法に関する情報を調べるのもおすすめです。

　情報収集の手段として最も手軽なのがインターネットです。なかでも便利なのが、厚生労働省が作る情報サイト「確かめよう労働条件」（www.check-roudou.mhlw.go.jp）です。学生向けに作られたコンテンツも多く、信頼できる情報が充実しています。

　学生向けの動画セミナーのほか、「マンガで学ぶ労働条件」など、楽しみながらワークルールを学べるコンテンツが満載です。労働条件について体系的に学べる「知って役立つ労働法」もここからダウンロードできます。

　とくに「アルバイトをする前に知っておきたい7つのポイント」は、本書で紹介しているルールについても簡潔にまとめてあるので、ぜひ目を通しておきましょう。アルバイト用の労働条件通知書のフォーマットもダウンロードできます。

「そういうもの」とあきらめないまずは調べてみよう

　職場で「おかしいな」と感じることがあっても、まわりの人たちが「そういうものだから、仕方がない」とあきらめてしまっていることもあるでしょう。会社やお店側が法律を破っているかもしれないのに、簡単に受け入れてしまってはルール違反をした者勝ちになってしまいます。

　すぐにあきらめるのではなく、「本当にそうなのかな？」「ルール違反ではないのかな？」と立ち止まって考えるようにしましょう。ここで紹介したサイトでは、事例に即した疑問に答える「Q&A」のほか、サイト内の検索もできます。相談に乗ってくれる窓口も紹介しているので、困ったときには活用しましょう。

　学生アルバイトはもちろん、社会人にも役立つコンテンツがそろっているので、友達や家族がトラブルにあってしまったときにも紹介してあげたり、調べたりしてみましょう。

第3章
アルバイトを辞めるとき

Q アルバイトを辞めたいのに辞めさせてもらえません

大学受験の準備に集中するため、アルバイトを辞めることにしました。マネージャーに「今月いっぱいで辞めさせてください」と申し出たところ、「君がいないとお店が回らないよ」と引き止められました。確かにお店は人手不足で、いつもギリギリで回しているので、自分が抜けることで迷惑をかけてしまうと思うと心が痛みます。それでもやっぱり将来のための勉強したいと伝えると、「だったら代わりの人を連れてきて」と言われました。そこまでしないといけないのでしょうか。

A 連れてくる必要はありません。それはお店の仕事です。

辞め方のルールは「期間の定め」によって異なる

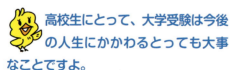 高校生にとって、大学受験は今後の人生にかかわるとっても大事なことですよ。

そんなときに辞めさせてもらえないばかりか、代わりの人を連れてこいだなんて、無茶ですよね。

 そうだね。「辞めたい」という申し出に対して、お店側も納得すれば、「合意解約」といって、労働契約の内容にかかわらず合意した条件で辞められるんだけどね。

このケースじゃとてもじゃないけれど、お店側との合意なんで望めませんよ。

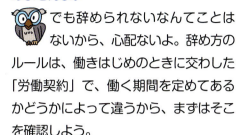 でも辞められないなんてことはないから、心配ないよ。辞め方のルールは、働きはじめのときに交わした「労働契約」で、働く期間を定めてあるかどうかによって違うから、まずはそこを確認しよう。

 どういうルールがあるんですか？

学生アルバイトに多い契約なんだけど、1年とか半年とか、働く期間が定められている場合は、その期間が終われば自動的に労働契約が終わるのでそのときに辞められるよ。でも期間が終わる前に辞めたい場合は、「やむをえない事由（＝理由）」があれば、お店側が認めなくても辞められることになっている。

 大学受験は、「やむをえない事由」にあたりますか？

君が言ったとおり、高校生にとって大学受験は人生を左右することだからね。十分「やむをえない事由」にあたると思うよ。

期間の定めがなければ
2週間前に申し出ればOK

 だったら大丈夫ですね。では、働く期間を定めていない場合はどうなりますか？

期間に定めのない労働契約なら、もっと話はシンプルだよ。働く人はいつでも、どんな理由でも、2週間前に申し出れば退職できるんだ。もしこのケースがそうだとしたら、辞める意思を伝えた日から2週間経てば、アルバイトを辞められるよ。

 代わりの人は連れてこなくていいんですか？

労働契約の内容にかかわらず、そんな必要はまったくないよ。代わりの人を探すのはお店の仕事であって、辞める人にはなんの責任もない。お店に迷惑をかけたくないという気持ちはわかるけど、一番大事なのは自分の人生だからね。

 よかったですね。代わりを見つけないと辞められないんじゃ、おちおちアルバイトなんてできませんよ。

なかには、悔しまぎれに「求人広告の費用を出せ」とか、「採用にかかった費用を返せ」などと言われるケースもあるようだけど、そんなことをする必要はまったくないからね。

 そんなひどいことを言われることもあるんですね。

辞めると決めたのなら、強い意思を示すことも必要だよ。「辞めさせてもらえませんか」という言い方ではなく、はっきりと「辞めます」と伝えよう。簡単でいいから「退職届」を書いて出すのもいいし、受け取ってもらえない場合でも、配達証明などを使って郵送するという手もあるからね。

 わかりました。

ちなみに、アルバイトでも有給休暇は取れるから、有休が残っているなら辞める前に取得するのもいいかもしれないね。

アルバイト先の店長に「クビだ」と言われました

Q ホームセンターでアルバイトをはじめました。常連のお客様の注文を間違えてしまったときに、説明と謝罪がうまくできなくて、怒らせてしまいました。常連さんの機嫌をそこねたことで店長はカンカンで、「お前のようなタイプは接客に向いてない。明日から来なくていい」と言われました。確かに私の対応が悪かったのは事実なのですが、いきなりクビだなんて、そんなことを受け入れなければいけないのでしょうか。

A 辞める必要はありません。また、辞める場合は一定の手当を受け取ることができます。

一方的な「解雇」には厳しい条件がある

慣れないうちは、誰だって失敗しますよね。いきなりクビなんて、そんなことがあっていいんですか？

雇う側が一方的に労働契約を終わらせて、働く人を辞めさせることを「解雇」と言うんだ。解雇は働く人の生活に与える影響が大きいので、そんなに簡単にはできないように法律で厳しく制限されているんだ。

どんなときなら、解雇できるんですか？

たとえば、アルバイトは期間の定めのある労働契約を結んでいることが多いけれど、この場合は、働く人が辞めるときに「やむをえない事由」が必要であるのと同様に、解雇するとしても「やむをえない事由」がなければできないことになっている。

たとえばどんなことが「やむをえない事由」にあたりますか？

たとえば、勤務態度がものすごく悪くて、何度も注意を受けているのにまったく注意に従わないといったケースは、解雇できるかもしれないね。でも、このケースのように、慣れないうちのたった1度のミスで解雇なんて、絶対にありえないね。

期間の定めのない労働契約の場合はどうなりますか？

この場合も、社会の常識にかなう、納得できる理由が必要になるんだ。期間の定めのある労働契約の場合と同じように、よっぽど勤務態度がひどくて改める見込みがないとか、とても悪いことをしたなど、誰が見ても仕方がないと思える理由がないと解雇は有効にはならないんだ。

辞める場合でも「解雇予告手当」を受けられる

 じゃあこのケースでも、辞める必要はないということですよね。

そう、こんなふうに店長が気分で言い渡したような解雇は不当な行為で、認められない。泣き寝入りしてはいけないよ。

だけど私だったら、こんなひどいことを言う店長とは、もう1日だって働きたくないです。来なくていいと言われたら、本当に辞めちゃうかも。

そういうこともあるかもしれないね。でも辞める場合や、有効な解雇であっても、雇う側は30日以上前に予告するか、解雇予告手当という30日分以上の給料（平均賃金）を支払わなければならないんだ。

じゃあ「明日から来なくていい」と言われて、それを受け入れるのであれば、30日分の給料はもらえるわけですね。だったら、当面のお金の心配はせずに、次の仕事を探せますね。

そういうことだね。

いきなりクビにするなんてヒドイよね！

不当な解雇には応じる必要はないんだね！

職場でケガをして1ヵ月働けなくなったら「もう来なくていい」と言われました

Q 飲食店でアルバイトをしています。勤務中に大きな鍋を足の上に落としてしまって大火傷を負い、足の指も骨折してしまいました。幸い、労働災害（労災）が適用されたので治療費を出す必要はありませんでしたが、担当の医師からは1ヵ月は仕事を休むよう言われました。店長に事情を説明して休ませてくれるよう頼んだら、「1ヵ月も来られないんじゃ困るから、別のアルバイトを採用する。君はもう来なくていいよ」と言われました。気に入っていた職場なので、できれば復帰したいのですが、やっぱり辞めないといけないのでしょうか。

A 労働災害（労災）の治療中の解雇は禁止されています。

ケガが治ったら仕事に復帰できる

これは28ページでも登場した労働災害だね。仕事中のケガは労災にあたるので、治療費は全額労災保険から出してもらえる。このケースも、そこだけはバッチリなんだけどね……。

仕事中に大ケガをして休んでいるのに、その間に辞めさせられるなんてかわいそうです。だけど、確かに店長の言うとおり、1ヵ月だけこの人の穴埋めをして、復帰したら辞めてくれる人を探すなんて難しいですよね。普通に、長く働いてくれるアルバイトを探したほうがラクな気はします。

それはそうかもしれないけど、このケースの解雇は認められないよ。労災の治療をしている期間と、その後30日間は解雇してはいけないと労働基準法で定められているからね。

そうなんですか。じゃあこのケースでは、仕事を休んでいる1ヵ月とその後の30日間、合わせて2ヵ月の間は解雇できないということになりますね。

そうだよ。少なくともその期間の解雇は無効だから、辞める必要はないんだ。足りなくなったスタッフをどうやりくりするかはお店が考えることだから、気にしないことだね。これを機に事故を防ぐ対策を取ってもらえば、お店にもメリットがあるし、ほかのスタッフも安心して働くことができるのだから。

でも、1ヵ月もアルバイトを休んでしまうと、その間の給料がなく

なるので、ちょっとたいへんかもしれませんね。

大丈夫、労災保険は働けない間の給料も、全額ではないけどある程度は肩代わりしてくれるんだよ。

お店の代わりに給料を払ってくれるんですか。

労災で働けなくなった場合は、給料の8割に相当する金額が支払われるんだ。正確にいうと、6割に相当する「休業補償給付」と2割に相当する「休業特別支給金」というお金が支給されることになっている。直近3ヵ月間の給料の額を基準として計算されるよ。

それなら、お金のことも治ったあとの仕事のことも気にせず、ゆっくり休んで治療に専念できますね。

そうだね。そのための労災保険なんだ。ちなみに解雇は労災のあとだけでなく、たとえば産前産後の休業期間とその後の30日間や、育児・介護休業の取得を理由にした場合など、禁止されている場合がいくつかあるから、覚えておこう。

解雇が禁止される主な理由

労働基準法	業務上災害のため療養中の期間とその後30日間の解雇
	産前産後の休業期間とその後の30日間の解雇
	労働基準監督官に申告したことを理由とする解雇
労働組合法	労働組合の組合員であることなどを理由とする解雇
男女雇用機会均等法	労働者の性別を理由とする解雇
	女性労働者が結婚・妊娠・出産・産前産後休業したことなどを理由とする解雇
育児・介護休業法	労働者が育児・介護休業等の育児・介護休業法上の制度利用を申し出たこと、又は取得したことを理由とする解雇

たとえ解雇が有効であっても、解雇を行う場合、30日以上前の予告か、30日以上の平均賃金を支払う必要があります。
（出所）厚生労働省「まんが　知って役立つ労働法Q&A」。

コラム

児童労働ってなに？
なぜ問題なの？

世界の子どもの10人に1人が児童労働で働かされている

そもそも児童労働とはなんでしょうか。国際労働機関（ILO）によれば、①**15歳未満の子どもが義務教育を受けずに働くこと**、②**18歳未満の子どもが危険で有害な環境で働くこと**を児童労働と呼んでいます。つまり、「教育を受けることを妨げられる」「健康的な発達を妨げられる」「有害で危険な仕事を強いられる」労働が、児童労働なのです。

では、児童労働に従事している子どもは世界に何人いるのでしょうか。ILOが2017年に発表した統計によれば、約1億5,200万人もの子どもが、児童労働に従事していると言われています。この数字は、世界にいる子どもの10人に1人が児童労働に従事している計算になります。

児童労働が世界に蔓延している原因の一つに貧困の問題があげられます。「家族が貧しいから」「親や保護者がいないから」どうしても児童労働が生まれています。しかし、貧困だけが児童労働の原因ではありません。「学校へ行って勉強しても意味がない」「女の子に教育は必要ない」「子どもは安い賃金で使え、文句も言わないので便利」といった大人の勝手な都合によって、子どもが働かされているケースも多いと言えます。

有害で危険な労働に多くの子どもがさらされている

さらに、児童労働のなかでも「有害で危険な労働」に従事している子どもの数は約7,300万人にものぼり、世界的に大きな問題となっています。ここで言う「有害で危険な労働」とは、ILOによれば、

①**人身売買や子ども兵士、強制労働などの奴隷労働**
②**売春やポルノなどに関わる労働**
③**麻薬などの不正な薬物の生産等に関わる労働**
④**健康、安全、道徳を害するおそれのある労働**

のことを指します。このような環境で働かされる子どもたちは、賃金ももら

危険有害労働、児童労働および就業している子ども（2016年の世界推計）

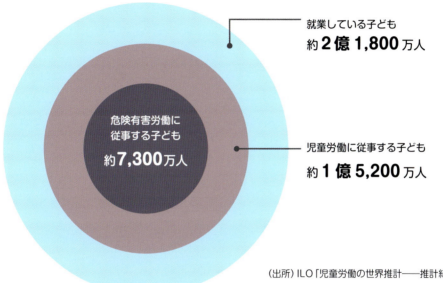

就業している子ども
約**2億1,800**万人

危険有害労働に従事する子ども
約**7,300**万人

児童労働に従事する子ども
約**1億5,200**万人

（出所）ILO「児童労働の世界推計——推計結果と趨勢、2012～2016年」（2017年）。

えずに強制的に働かされたり、暴力や虐待などにさらされたり、場合によっては監禁されて働かされるケースもあります。こうした児童労働は、「最悪の形態の児童労働」と呼ばれており、すぐに保護されなければならない対象とされているのです。

2025年の児童労働全廃に向けてさらに取り組みを強化

児童労働は、「最低年齢条約」（1973年）、「子どもの権利条約」（1989年）、「最悪の形態の児童労働条約」（1999年）などの国際条約によって禁止されています。また日本でも、「労働基準法第56条」によって児童労働が禁止されています。こうした条約や法律をベースに、国連では2025年までに児童労働の全廃を目指しています。しかし、現状のテンポでは2025年までに1億2,100万人への減少にしかならないことが予測されています。国際社会では、児童労働の根絶に向け、さらなる取り組みの強化が望まれているのです。

監修者プロフィール　上西充子（うえにしみつこ）

法政大学キャリアデザイン学部教授。東京大学大学院経済学研究科第二種博士課程単位取得退学。労働政策研究・研修機構の研究員を経て、2003年より法政大学教員。専門は労働問題、社会政策。著書に『大学生のためのアルバイト・就活トラブルQ＆A』（旬報社）『大学のキャリア支援』（経営書院）『就職活動から一人前の組織人まで』（同友館）ほか。

これだけは知っておきたい「働くこと」の決まり
10代からのワークルール❷
こんなときこそワークルール！
アルバイト編

2019年3月15日　初版第1刷発行
2023年7月3日　　　第3刷発行

監修　上西充子
編集協力　有限会社アジール・プロダクション
執筆協力　森田悦子
イラスト　朝倉千夏
装丁・本文デザイン　ランドリーグラフィックス
編集担当　熊谷満
発行者　木内洋育
発行所　株式会社旬報社
〒162-0041
東京都新宿区早稲田鶴巻町544　中川ビル4F
TEL 03-5579-8973
FAX 03-5579-8975
HP　http://www.junposha.com/
印刷　シナノ印刷株式会社
製本　株式会社ハッコー製本

© Mitsuko Uenishi 2019, Printed in Japan
ISBN978-4-8451-1573-0　NDC366